Paul Jahn

Ueber das Geschlecht der Substantiva bei Froissart

Paul Jahn

Ueber das Geschlecht der Substantiva bei Froissart

ISBN/EAN: 9783744677110

Hergestellt in Europa, USA, Kanada, Australien, Japan

Cover: Foto ©Thomas Meinert / pixelio.de

Weitere Bücher finden Sie auf **www.hansebooks.com**

Ueber

das Geschlecht der Substantiva bei Froissart.

Inaugural - Dissertation

welche

mit Genehmigung der hohen philosophischen Facultät

der

vereinigten Friedrichs-Universität Halle-Wittenberg

zur

Erlangung der philosophischen Doctorwürde

am

Sonnabend, den 4. November 1882, Vormittags 11 Uhr

öffentlich vertheidigen wird

der Verfasser

Paul Jahn

aus Schneidemühl.

Opponenten:

Herr **Albert Beyer**, Drd. phil.
Herr **Max Steffen**, Drd. phil.
Herr **Fritz Koch**, cand. phil.

Halle a. S.,
Plötz'sche Buchdruckerei (R. Nietschmann).
1882.

Seiner lieben Mutter

in Dankbarkeit gewidmet

vom

Verzeichniss der in der Untersuchung behandelten Wörter.

Die Aufgabe nachstehender Untersuchung soll sein, in Froissart's Werken das Schwanken des Geschlechts festzustellen und das Abweichen desselben vom lateinischen, resp. französischen Genus zu begründen. Froissart, der uns ausser seinen umfangreichen poetischen Werken eine in's kleinste Detail gehende Universalgeschichte der Jahre 1322—1440 überliefert hat, schrieb in seiner heimathlichen, der hennegauischen Mundart, die zwischen dem Pikardischen und Wallonischen vermittelt.

Die Chronik Froissart's ist in der Ausgabe des Barons Kervyn de Lettenhove benutzt worden; der Titel derselben lautet: Oeuvres de Froissart, publiées avec les variantes des divers manuscrits par le baron Kervyn de Lettenhove. Bruxelles 1867—70 (in 17 Bänden). Von den vier herausgegebenen Redactionen beruht die erste auf dem Manuscript von Amiens; für die Varianten der ersten Redaction hat Lettenhove das Manuscript von Valencienne, für die zweite Redaction das Manuscript von Dacier, für die dritte das Manuscript Soubise, für die vierte das von Rome herangezogen. Der Ausgabe Lettenhove's habe ich den Vorzug gegeben, weil sie vollständig erschienen ist, und Aug. Scheler zu derselben ein Glossar geliefert hat. Es führt den Titel: Glossaire des Chroniques de Froissart par M. Aug. Scheler. Bruxelles 1877.

Der Untersuchung der poetischen Werke Froissart's liegt die Ausgabe von Scheler zu Grunde: Oeuvres de Froissart. Poésies publiées par M. Aug. Scheler. Bruxelles 1870 (in 3 Bänden). Auch dieser Ausgabe hat Scheler am Schlusse des dritten Bandes ein Glossar beigefügt.

Die kritische Ausgabe der Chronik, die unter dem Titel: Chroniques de J. Froissart, publiées pour la société de l'histoire de France par Siméon Luce. Paris 1869 in den ersten sechs Bänden erschienen ist, ist mit in Betracht gezogen worden. Auf

1

ihr basiren die Recherches sur l'usage syntaxique de Froissart par
Julius Riese. Halle 1880, die jedoch unserer Untersuchung von
keinem Nutzen sein konnten, da sie nur oberflächlich den Geschlechtswechsel einiger besonders in's Auge fallender Wörter
andeuten, ohne näher darauf einzugehen.

Die 1881 in Halle erschienene Inaugural-Dissertation von
Emil Ebering: Syntactische Studien zu Froissart (im fünften
Bande von Gröber's Zeitschrift abgedruckt), welcher Lettenhove's
Ausgabe zu Grunde liegt, behandelt das Genus nicht.

Da im Französischen das Geschlecht eines Wortes entweder
durch die Form desselben oder durch den ihm innewohnenden
Begriff bestimmt wird, so wollen wir unsere Untersuchung in
zwei Hauptgruppen scheiden. In der ersten sollen die Fälle,
in denen die Form des Wortes einen Geschlechtswechsel bewirkt
hat, behandelt werden und in der anderen diejenigen, in denen
der Begriff des Wortes die Veranlassung dazu gegeben hat.
Auf diese beiden Gruppen sollen zwei weitere folgen, in deren
einer solche Wörter Aufstellung finden, die in der Sprache
Froissart's das gewöhnliche und ältere Geschlecht beibehalten
haben, aber anderweitig im Französischen und Schwanken zeigen;
zur anderen gehören solche Wörter, deren Doppelgeschlechtigkeit
auf zwei verschiedenen Ableitungsformen beruht.

Innerhalb der beiden Hauptgruppen werden diejenigen
Wörter, die derselben Ursache zu Folge Geschlechtwechsel erlitten
haben, klassenweise zusammengestellt werden. Die Reihenfolge
der zu behandelnden Wörter wird innerhalb der einzelnen Klassen
eine alphabetische sein.

A. Durch die Form des Wortes verursachter Geschlechtswechsel.

I.

Das tonlose auslautende a des Lateinischen ergab im Französischen e. Die meisten lateinischen Substantiva auf a waren feminini generis und haben dieses Geschlecht auch im Französischen mit geringen Ausnahmen bewahrt. Die grosse Zahl dieser auf tonloses e auslautenden Wörter mit weiblichem Geschlecht, deren bei weitem mehr waren als ebenso auslautende Wörter mit männlichem Geschlecht, hat bewirkt, dass man dazu neigte, dieses auslautende tonlose e als den Träger des weiblichen Geschlechts anzusehen und so ursprünglich männlichen Wörtern ihres weiblichen Auslauts wegen ein weibliches Genus zu zuertheilen [1].

Wörter, bei denen dieser Umstand den Uebertritt zum Femininum veranlasst zu haben scheint, sehen wir in: capitaine, chartre, couille, doubte, fantosme, glave, mensonge, poudre [2], pseaulme, rencontre, reproche.

Von diesen Wörtern gebraucht Froissart ausserdem auch masculin: capitaine, fantosme, glave, rencontre, reproche. —

capitaine.

Capitanus, capitaneus kommt nach Diez [3] schon im ältesten Mittellatein vor; prov. capitani, altfrz. chevetaine.

---

[1] Vgl. Behandlung der aus lateinischen Neutris entstandenen Feminina. S. 34.

[2] pulvis ist im Lateinischen hauptsächlich masculin; doch findet es sich auch zuweilen feminin, so bei Properz. Näheres siehe bei der Behandlung dieses Wortes auf S. 10.

[3] Diez, Grammatik der romanischen Sprachen, I, 37.

1*

Scheler sagt richtig in seinem Glossar zu den Chroniken:
„le féminin de capitaine peut se comparer à celui qu'avait
autrefois aussi le mot pape; c'est un effet de la forme du mot."
Pape und prophete, die im Provenzalischen und Altfranzösischen
vielfach als Feminina vorkommen, finden sich bei Froissart nur
als Masculina. Das Masculinum des Wortes ist im überwiegen-
den Gebrauch (2 : 1); doch lieferte die Untersuchung auch eine
ansehnliche Zahl Belegstellen für das Femininum.

Es ist **masculin** [1]): IV. 140 il avoient bons cappitaines.
IV. 237 Li contes y ordonua ung cappitaine. VI. 439 qui la
estoit uns grans chapitains. VII. 321 et ossi bons cappitaines
des compaignes. VIII. 66 et estoit chils cappitaine. IX 11
tous leurs cappitaines. IX. 139 son capitaine. XI. 108 ung
hon capitaine. XII. 352 souverain de tous les capitaines.
II. 389, 12 comme mon capitaine.

feminin: II. 293 Au VIII[e] jour il s'en parti et laissa
bonne cappitaine. IV. 234 il leur laissa une bonne cappitaine.
VI. 238 Si estoient touttes cappitaines et meneurs des autres.
VII. 117 aucunes chapitainnes des compagnes. VII. 386 et
estoit entr'iaux une moult grande cappitaine. VIII. 329 toutes
ces chapitaines. IX. 92 la capitaine de Hamptouné. X. 74
il fist venir devant luy toutes les cappitaines de l'ost. XVII.
467 toutes les capitaínes des compagnes. XVII. 543 tant de
bonnes capitaines et de bonnes gens d'armes et vaillans.

chartre.

Nur einmal zu belegen: **XV.** 19 et fut coudempnee in
chartre perpetuelle au pain et a l'eaue.

couille.

couille geht auf das provenzalische Femininum colha zurück.
Das lateinische Etymon ist culeus, i, m oder culeum, i, n. Wahr-

---

[1]) Da bei einigen Wörtern die Zahl der Belegstellen eine sehr beträcht-
liche, oft nach mehreren Hunderten zählende ist, so kann hier nur eine
Auslese derselben gegeben werden.

scheinlich ist es aus dem Plural letzteren Wortes abzuleiten;
couille bedeutet hier „die Hoden."

II. 88 les couilles lui furent coppees.

Zwei weitere Belege finden sich in Luce's Ausgabe: I. 34
Quant li vis et les coulles li furent coppees. I. 89 et puis li
vis copés a toutes les coulles.

doubte

ist Verbalsubstantiv von douter, lat. dubitare und hauptsächlich
weiblich. Littré sagt in seinem Dictionnaire I, 2. S. 1253: „Doute
a été d'abord féminin dans la langue. C'est vers la fin du XVI ͤ
siècle que le genre en commence à devenir incertain, et que
quelques-uns le font tantôt féminin, tantôt masculin "
Es zeigt sich aber schon bei Froissart, also in der Mitte
des 14. Jahrhunderts masculin, so

IX. 411 nul doubte. X. 425 et de tous ces doubtes et perils
l'avoit osté.

feminin: II. 71 en nulle doubte. III. 56 ceste doubte.
V. 122 pour toutes ces doubtes. VI. 204 et si estoit encores
une doubte par aventure. X. 435 aucunes doubtes. XI. 250
Toutes ces doubtes luy remettoient aucuns de son conseil en
devant. XI. 361 pour icelle doubte. XII. 314 Or soient
toutes ces doubtes mises avant. XIII. 139 ne faittes nulle
doubte. XVI. 143 il entra en doubte grande et merveilleuse.
I. 62, 318 Que ce me met en une trop grant doubte. I. 180,
3163 J'ai depuis cü mainte doubte.

fantosme.

Neufrz. le fantôme von griech. τὸ φάντασμα.

masculin: XVI. 514 et se doubta que la dicte creature ne
feüst aucun fantosme ou temptation. I. 165, 2661 La disoie
en moi: „Cest fantomme | Non est; car ja avint etc.

feminin: XV. 146 que ce soit toute fantosme.

glave.

Das Ueberwiegen des Masculinums über das Femininum
würde das Zahlenverhältniss 3 : 1 ausdrücken:

masculin: III. 267 et tenoit un glave roit et fort. IV. 176 chacun son glaive au poing. V. 296 il prist son glaive. VI. 136 Si retaillerent tous leurs glaves. VII. 455 et li arresta son glave en sa poitrine. IX. 118 abaissa son glave. IX. 401 sus un glave. XIII. 156 d'un fort glaive. XIV. 135 on bailla a chascun ung glaive bon et roit. XIV. 458 du glaive.

feminin: II. 247 la teste de lui fu misse sus une glave au pont de Londres. II. 291 de leurs glaives si roidement que chacun rompi le sienne. III. 170 de sa glave roide et enfumee. VI. 165 les glaives baissies pour entrer ens et yaux rompre, et, cil compaignon les rechuprent a leurs courtes glaives moult roidement. VII. 458 a mal fu la glave forgie. IX. 326 tenant les glaves asséurees. XIV. 48 de glaive bonne et roide. XIV. 125 On leur rendy nouvelles glaives. XIV. 147 les glaives que ils avoient perdues. XVII. 287 qui le recuelly de sa glave.

mensonge.

Neufrz. masculin; bei Froissart feminin:
XIV. 276 que il ne desist nulle menchongue. XV. 332 de la menchoingne.

pouldre.

Auch neufrz. feminin; lat. hauptsächlich masculin, doch findet es sich auch zuweilen als Femininum. Beispiele dafür giebt Neue[1]) I. S. 684, so z. B. bei Properz. 3, (2), 13, 35. horrida pulvis ferner 1, 22, 6 pulvis Etrusca:

IX. 433 Si trouva-ou le pourre de salpetre toute mouillie. XI. 92 vous prendrés ung petit de ceste pouldre et mettrés sur la viande de vostre pere. XI. 93 senti la pouldre en la bourse. XI. 95 et prinst de celle pouldre.

pseaulme.

Neufrz. masculin. lat. psalmus i. m. auch psalma, atis. n. Letzteres scheint den Uebertritt zum Femininum veranlasst zu

---

[1]) Friedrich Neue, Formenlehre der lateinischen Sprache, Stuttgart 1866.

haben, indem es nach Analogie der zahlreichen Feminina auf a erster Declination behandelt wurde.

XI. 106 et la chantoient une pseaulme du psaultier. XI. 106 Et quant ceste pseaulme estoit finee, ils la recommençoient toutdis.

renoontre.

Verbalsubstantiv zu rencontrer. Im Neufranzösischen feminin. Bei Froissart masculin und feminin, letzteres überwiegend. masoulin: II. 2 de durs rencontres. III. 362 li rencontres durs et fiers. V. 239 liquel eurent en ce premier rencontre dur hustin. VI. 175 Cils rencontres fu en l'an ... VII. 333 La eut grant hustin et fort rencontre. VII. 416 que ses gens avoient en ung si dur rencontre. IX. 41 La commencha chis rencontres grans et fors. X. 109 A che dur rencontre. XI. 298 il y ot ung gros rencontre de ceulx de la garnison de Trenconse sur les Castilliens, moult terrible et dur. XI, 303 et de plain rencontre desconfirent iceulx. XIII. 53 qui ne se donnoient garde de ce rencontre. feminin: V. 9 et eurent li Engles une moult fort rencontre. V. 226 Si se porta si bien que a une rencontre ou il furent, ses mestres fu tués. VI. 342 (Anmerkung) La eult une merveilleuse rencontre et un cruël touillis. VIII. 296 Ensi ala de celle rencontre. IX. 9 (Anmerkung) La eut en venue mainte dure rencontre. ibid. rencontres perilleuses. X. 233 Ewireux ceux de celle rencontre qui escapper peurent. III. 125. 917 Cerchant la jouste ou la rencontre.

reprocohe.

Neufrz. masculin; bei Froissart finden sich beide Genera. Chifflet[1] dit, qu' il est masculin au singulier, et féminin au pluriel. Aus unseren Belegstellen lässt sich dies nicht ersehen. masoulin: IV. 273 de nul villain reproche. feminin: III. 165 qui devant ce n'avoit en nulle reproche de diffame. VIII. 197 ils se pooient partir sans nulle reproce. XV. 501 dont ce servit ...... et a toute la chrestienté trop grande reproche. III. 147. 11 Avoir ne doy nulle reproche.

---

[1] Chifflet, Gramm. S. 254: vgl. Littré, Dictionnaire de la langue française. Paris 1869, Band II, 2. S. 1651.

931

II.

Das lateinische Suffix orem ergab im Französischen eur resp. our. Die hierher gehörenden zahlreichen lateinischen Masculina — abstracter Bedeutung — sind im Französischen weiblich geworden. Nur sehr wenige haben zuweilen ein Schwanken gezeigt.

Die ältesten französischen und provenzalischen Denkmäler, die wir haben, gebrauchen bereits diese Abstracta fast ausschliesslich als Feminina. Abweichungen zeigen sich mehr in späteren Jahrhunderten, namentlich im sechszehnten. Einige Beispiele finden sich bei Littré, Dictionnaire I, 1. 189 unter ardeur: Ceste cause a esté demenee par ardeur impetueux. Calv. Inst. dédic. Il y en a qui sont transportez de tel ardeur, que ... Id. ib. 1125. Ferner II. 2. 1784 unter rumeur: Tellement que la servante du sieur Faguet entendant ce rumeur d'une chambre haute .... Le sieur de Boutflers, dans Fr. Michel, Argot.

Froissart weicht nicht von dem allgemeinen französischen Gebrauch ab; er behandelt diese Abstracta als Feminina. Nur einigen Wörtern dieser Art weist er ausserdem auch männliches Geschlecht zu. Es sind dies: amour, honneur, deshonneur, labeur. Auch für rumour habe ich einen Beleg für's Masculinum gefunden.

Bei dem Masculinum amour und honneur hat sich auch wohl lateinischer Einfluss geltend gemacht. Auch möchte ich an den vokalischen Anlaut dieser beiden Wörter erinnern, der leicht ein Schwanken des Geschlechts veranlasste. [1])

amour.

Im Neufrz. gilt die Regel: „amour [2]) ist männlich und bisweilen weiblich im Singular, meist weiblich im Plural, ausser wenn es Liebesgötter bezeichnet."

Froissart gebraucht es überwiegend feminin (3 : 1). Der Plural des Wortes findet sich selten, so XIV. 318. Ses amours furent sceues.

---

1) Siehe S. 24.
2) Mätzner, franz. Gramm. II. Aufl., Berlin 1877, S. 119.

Ursprünglich ist amour im Französischen weiblich gewesen; das Schwanken zum Masculinum erklärt sich durch die aus dem Alterthum überlieferte Vorstellung eines Liebesgottes Amor. In diesem Sinne wurde amour wohl zuerst männlich gebraucht; späterhin wird dieses Geschlecht auch auf den abstracten Begriff des Wortes übertragen worden sein.

masoulin: IV. 203 ou tout amour se nouriroit. VII. 148 et promist et jura, a son departement, au prinche tout amour et bon voyage. XI. 274 car le roy Ferrant en sa vie ama ardamment de fol amour une dame. XIII. 310 et ils ne sont pas en trop bon amour ensemble. XV. 120 pour le saint amour de Dieu. XVI. 101 sus fourme de bon amour remonstroient les Londriens. III. 71. 608 Adont me voult bon Amour prendre. III. 84. 9 Par la vertu de bon Amour. III. 104. 6 Car bon Amour le me commande. III. 132. 1172 Et bon Amours est si humains | Et si doulz a toute sa gent.

feminin: II. 367 pour aprochier toutte bonne amour. III. 454 une estincelle de finne amour. X. 99 ne male amour que il poroit bien. XV. 2 La luy avoit-il monstré petite amour et confidence. XVI. 17 en toute bonne amour. I. 219. 292 Puisque parfaite amour m'i tire. I. 319. 3323 Et ensus de ma douce amour. II. 59. 2012 Que de vraie amour c'est grant chose. II. 60. 2037 Qu'il l'amoit d'amour bonne et ferme. II. 408. XLIII. 5 Ie di ensi que bonne amour loyelle. III. 143. 1534 Et sa seulo amour la clamoit.

honneur.

Scheler behauptet: „honneur est toujours du genre féminin". Ich führe folgende Belege für das Masculinum an:

II. 349 que jou auroie plus chier tout honneur et prouffit. V. 253 et li dist li rois que il le marieroit bieu ailleurs a son plus grant honneur et proufit. VI. 310 tous les honneurs. XII. 291 et luy fut hault honneur. XIV. 269 a hault honneur. XV. 186 une dame de hault honneur. XVII. 362 et a hault honneur.

Ueberwiegend ist allerdings der weibliche Gebrauch des
Wortes (10 : 1):

II. 46 plain de toute honneur. V. 132 que toute l'onnour dou
roiaulme d'Engleterre gisoit en celle journee. VII. 208 car
par vous est toutte men honneur recouvree. VIII. 145 je ne
puis avoir nulle honneur. IX. 302 en toutes honneurs. X. 346
a si haute honneur. XIV. 242 en vostre parole n'a que toute
haulte honneur. XIV. 379 furent les honneurs moult grandes.
I. 205, 3997 Me font a tres parfaite honneur. I. 214, 111
On est tenu par droite honneur. II. 214. 155 En ce souhet
je pense toute honneur.

deshonneur.

III. 348 a sen deshonneur. VII. 39 de nulle cose qui tour-
nast a men deshonneur. XI. 209 qui feüst a mon deshonneur.

labeur.

Es finden sich beide Genera. Gaston Paris[1]) hat nach-
gewiesen, dass labeur als Masculinum und labeur als Femininum,
trotzdem sie lautlich und begrifflich übereinstimmen, durchaus
verschiedene Wörter sind. Das männliche labeur ist ein Verbalsubstantivum zu laborer; labeur als Femininum dagegen ist von
laborem abgeleitet. Littré[2]) sagt bezüglich labeur: „Dans les
meilleurs textes, labeur, labor, labour est du genre féminin, comme
c'est la règle quand un nom latin en or se transforme en mot
français; mais on le trouve aussi masculin de bonne heure; c'est
cette irrégularité qui s'est implantée dans la langue moderne".

Unter anderen Beispielen führt er eins aus dem XII. Jahrhundert an, das sich bei Chrestien de Troies, dans Holland
p. 234 findet; labour ist dort weiblich: „Ja n'iert perie ma
labours | Se fins cuers puet d'amors joir. labour als Masculinum
findet sich beispielsweise im „Judenknaben" herausgeg. von Wolter
Halle 1879, S. 108. Strophe 3 v. 3: tel estoit son labour.

Bei Froissart ist es

---

[1] Gaston Paris, Romania X, S. 45.
[2] Littré, Diction. de la langue franç. II, 1. S. 226.

masculin: XV. 353 quant ils věoient que leur labeur estoit nul. XVI. 506 voire par le moïen et saint labour de la chevalerie de la Passion de Jhesu-Crist. III. 114. 15 A son huis? Bien pert son labeur | Qui ainsi fait. III. 152. 28 Il verroit a plain son default | Et ordeneroit son labeur. III. 221. 22 Un homme de quelque value | Qui fait tout le milleur labeur. **feminin:** I. 5. 123 Hai! dont tos cesse ma labour. I. 179. 3099 Qu'onques amans ne souffre | Si forte labeur. II. 53. 1788 Que je ne puis desservir | Par ma labour. II. 256. 323 Qui li face ma labour | Recognoistre et savourer.

rumour.

III. 312 uns rumours et uns debas.

Es möge sich hier noch das Wort **mour** anschliessen, welches bei Froissart sein ursprüngliches Masculinum bewahrt hat, während es im Neufranzösischen weiblich geworden ist. Ein interessantes Beispiel findet sich im Judenknaben, Seite 86, Vers 8: por aprendre la bone amor. Wolter bemerkt hierzu auf Seite 105 unter den Anmerkungen: „Die Handschriften B. Q. lesen la bone mor. Ich glaube hierin einen Beleg für die Existenz des Singularis von moeurs zu erblicken. Läge hier ein blosser Schreibfehler vor, so wäre es seltsam, dass zwei Handschriften ein ganz ungebräuchliches Wort aufgenommen hätten. Mors findet sich E. F. H. P. R. V."

Suchier stimmt dem bei, indem er fortfährt: „[amor giebt keinen genügenden Sinn; der Dichter hat in der That mor geschrieben, da nur dann die Abweichungen der Handschriften begreiflich werden]". —

Auch Littré, Dictionnaire II. 1 giebt einige Beispiele für das Masculinum, so aus dem 12° scl. E tute nostre vie en buens murs afermer | Que vus puissiez as autres buens essamples duner. Th. le mart. 78. 15° scl. Sen soy meismes [il] ne povoit refrener; Les meurs mauvais de sa condition. F. Desch. Des vertus néces. au prince.

Belege bei Froissart sind:

I. 89. 81 En bons mours et en nobles teches. I. 110. 810 Mes tant sont sage et bon si mour. I. 232 (Prosa 3) qui

assés congnoissent les meurs et conditions de vous, liquel sont
bel et bon et agreable et moult me plaisent, car ils s'acordent
assés as miens. II. 45. 1516 Et garni de tous tels bons mours¹
Qu' il fault a amant par amours. II. 50. 1694 Moult sont
doubtable et dursi meur.

III.

Auch die Homonymität von Suffixen hat öfters zu einem
Geschlechtswechsel Veranlassung gegeben.¹)

a. Dies trifft zu bei den lateinischen Suffixen atum und
atem, die beide im Französischen dieselbe Form, nämlich é ergeben haben. Leicht konnte bei Wörtern mit diesem Suffix ein
Schwanken im Genus eintreten. Die Wörter mit dem Suffix
atem hätten nun im Französischen männlich, die auf atem weiblich werden müssen. Dies ist jedoch nicht immer der Fall gewesen. Die grössere Anzahl der Wörter auf é = lat. atem übte
zuweilen eine Attraction auf die Wörter aus, deren Endung é auf
lat. atum beruhte und verursachte so bei denselben einen Uebertritt zum Femininum. Diesen Vorgang sehen wir an comté von
lat. comitatum, ducé vom lat. ducatum, evesquiet vom lat. epi-
scopatum, die bei Froissart weiblich gebraucht sind. Nur comté
findet sich dreimal als Masculinum und zwar jedesmal als tout
le conté.

Im Neufranzösischen haben obige drei Wörter sich wieder
dem Masculinum zugewendet. Nur comté hat sich weiblich in
der Zusammensetzung: la Franche-Comté und in la vicomté erhalten. In unserem Text ist vicomté ebenfalls feminin.

comté.

Zeigt sich
masculin: VI. 260 et couroient tout le conté de Retheirs
jusque a Doncheri. VI. 274 et doient avoir encorres tout le
conté de Ponthien. VI. 353 la cité d'Ast et tout le comté.

feminin: II. 327 il i avoit une conté en Engleterre. IV. 313
et feroit-on de la conté de Flandres une ducé. V. 87 et aussi

¹) Ich verweise auf die Dissertation von J. Rothenberg: „Die Ver-
tauschung der Suffixe in der französischen Sprache".

li coureur englois coururent toute la conté de Boulogne. VI. 261 et couroient toute le bonne conté de Reters jusques a Donceri. VII. 15 et en delivra toute la ditte conté de Blois. VIII. 377 que on claime la conté de Fuiret. XI. 16 Entre la conté de Fois et le pays de Bierne gist la conté de Bigorre. XIV. 370 la conté de Blois seroit estienne. Die Beispiele sind für comté wie für ducé sehr zahlreich.

vicomté.

II. 346 en la visconté. XV. 460 en possession de la dite viconté de Milan.

ducé.

II. 230 tant de la duceé de Guienne comme de la conté de Pontieu. III. 316 toute la duceé de Normandie. IV. 1 la grande duchié d'Acquitaine. VI. 258 car il y avoit en la duché grant fuisson. VI. 331 de toutte la ducé d'Acquitaine. VII. 3 de la ditte duché. VII. 123 En ce temps estoit connestable de toutte la duché d'Acquitaine. IX. 275 en la duchié. XV. 101 toute la duchié de Bretaigne. XVII. 439 et recommanda le prinche toute la ducé de Guiaune en la garde du conte de Fois.

Scheler sagt im Glossar zu den Chroniken über duché: „du genre féminin. On comprend ce genre pour la forme „duceé", mais il est étrange dans celles en é et ié qui correspondent au masculin ducatus. Je me l' explique par un effet de la plus ancienne forme du mot qui est „duceté" et „duceé" (syncope du t) et que répond à un type latin „ducitatem". La même cause ou la simple analogie justifie le genre fém. de comté = comitatem (p. comitatum). Il faut noter encore que, foncièrement, ces mots expriment la dignité, et non la terre qui y était attachée."

Dieselbe Ansicht bezüglich des Femininums von duché spricht Scheler in seinem Anhang zu Diez's Etymol. Wörterbuch aus, wo er sagt: „Die älteste Form war ducheté = ducitatem; daraus das häufig gebrauchte duceé, zuletzt duchée und duché. Durch Analogie dann auch la conté" (S. 717).

— 18 —

evesquiet.

VII. 232 Si tost que ceste evesquiet de Vincestre vaqua, il fist.
VII. 235 Quant cils offices et celle eveskiet vacquierent.
XIV. 385 et neuf bonnes eveschiés quittes et delivres et sans renort. XV. 239 celle evesquiet est la plus noble et la mieulx revenant en grant prouffit de toute Angleterre. XVI. 239 gouverneur en partie de toute l'eveschié du Liege.

Der umgekehrte Fall, dass das Suffix atum das Suffix atem attrahirt, scheint in aé = lat. aetatem und in esté = lat. aestatem vorzuliegen. Ich glaube jedoch, dass hei aé auch der vokalische Anlaut Ursache des Geschlechtswechsels gewesen ist. aé findet sich männlich iu den Poésies I. 351. 101: Et amerai encor tout mon aé. Bezüglich des Masculinums von esté verweise ich auf S. 43; es liegt hier eine Anlehnung an sinnverwandte Wörter vor.

b. Aehnlich verhält es sich mit den lateinischen Suffixen aticum und aginem, die beide im Französischen age ergaben. Wörter mit ersterem Suffix waren Masculina, mit letzterem Feminina. Dadurch nun, dass dieses age bald Masculinis, bald Femiuis als Eudung eigen war, geschah es, dass einerseits Wörtern auf age = aticum zuweilen weibliches Geschlecht, andererseits Wörtern auf age = aginem zuweilen männliches Geschlecht zuertheilt wurde. Es trat also eine Suffixverkeunung ein.

Da unsere Untersuchung für ersteren Fall kein Beispiel lieferte, so führe ich das von Darmesteter und Hatzfeld[1]) als Femininum belegte ouvrage = lat. operaticum an.

Er giebt ein Beispiel aus Rabelais II, 16: Tenez, voyez en ci de l'ouvrage; elle est de . . . .

D. und H. sagen ausserdem über dieses Wort: „Feminin encore au dix-septième siècle, et de nos jours dans le peuple."

Ein Beispiel für letzteren Fall, dass ein Wort mit dem Suffix agi = aginem als Masculinum gebraucht wird, bietet sich uns in image[2]), das sich bei Froissart bald männlich, bald weiblich findet.

---

[1]) Darmesteter und Hatzfeld: le seizième siècle en France; Paris 1878, S. 250. (Première Partie.)
[2]) Siehe auch S. 24, (vokalischer Anlaut).

maaoulin: XIV. 8 Avec tout ce il y avoit ung ymage de
Nostre Dame qui tenoit par figure son petit enffant. III. 15,
483 Un image, bel et propisce. II. 16, 531 Je fis pourtraire
voirement | Un image notoirement. II. 16, 535 Cest image
avec moi portoie. II. 21, 696 C'est qu'il a devers soi en garde :
Un image, et cesti regarde. II. 21, 703 Contre qui l'image
estoit fet. III. 263, 2667 Et d'autre part, s'elle ne fust | Ne-
ant plus qu'un ymage de fust.

feminin : X. 271 en la couronne d'une ymage faite. XIII.
171 il s'en vint en une eglise ou il y a une image et chapelle
de Nostre-Dame. XIII. 174 et a Madame-sainte Marie dont
l'image est a Nimaige et a laquelle au departir je pris congié
de bonne volonté. XV. 189 une fourme d'ymage clere. I. 269,
1715 Ancois as mances rebracies | Oevre une ymage as grans
bracies. I. 275, 1917 Afin que ceste ymage y prendre. II.
261, 160 Douce image. II. 342, 36 Tonson d'or portoit ceste
image.

c. Suffixverkennung ist auch bei den lateinischen Suffixen
atium und atio, die beide im Französischen „ace" ergaben, ein-
getreten. Dies zeigt sich an espace, in dessen Suffix ace man
dasselbe Suffix wie beispielsweise in neufranz. dédicace, populace,
préface [1]) — also lat. atio — zu sehen glaubte. Die falsche
Vermuthung führte dazu, espace, dessen ace auf atium beruht,
weiblich zu gebrauchen.

Bei Froissart findet sich espace sowohl als Masculinum als
auch als Femininum; überwiegend jedoch mit letzterem Geschlecht
(9 : 1). Sicherlich hat der vokalische Anlaut dieses Wortes noch
dazu beigetragen, das Schwanken des Genus zu vermehren.

Im Neufranzösischen ist espace masculin, nur als technischer
Ausdruck der Buchdruckerkunst feminin.

In unserem Text ist es

maaoulin: VII. 363 si se tinrent tout quoy un espasse. X.
85 par le grant et long espace. XI. 59 et la furent ung espace

---

[1]) Diez, Gramm. d. rom. Spr. III., 345. Gaston Paris „De l'acc.
lat." 54. Rothenberg Dissert. „Vertausch. d. Suffixe in der frz. Sprache."
S. 71. 72.

XI. 92 et so tint avec sa mere ung espace. XII. 332 Quant il eut la esté ung espace. XIII. 239. et puis cessa, et aprés ce bon espace. XVI. 94 et se tint tout droit ung espace sans rien dire. XVI. 171 et s'esbaty le dit conte eu Bretaigne aveuc le duc ung espace de temps.

feminin: II. 221 Eussi les poursuiwy une longhe espasse. III. 458 et a painne ÿ avoit nulle espasse de tires. IV. 222 li chevaux ensellet en bien briefve espasse. V. 391 et dura ceste cose une bonne espasse. VI. 344 et bien batus une grande espasse. XI. 203 quant ils s'estoient combatus une longue espace. XV. 464 Et fu illec une grande espace de temps. I. 119, 1126 De dauser une longe espasse. II. 112, 3781 Car cils qui mon message port | Demora une longe espase. III. 268, 2808 Ce temps cy et aucune espasse.

d. Das lateinische weibliche Suffix entia ergab im Französischen ence. Die mit demselben gebildeten Wörter bewahrten im Französischen ihr Femininum. Sie scheinen von Einfluss auf das lat. silentium, ein Wort gelehrten Ursprungs, gewesen zu sein, welches sich in Folge seiner Form „silence" im Altfranzösischen den zahlreichen Femininis auf ence anschloss und deren Geschlecht annahm. Im Neufranzösischen ist es masculin;

Bei Froissart feminin: I. 169, 2778 De ce qu'a li fais si longe silensce.

e. Das lateinische Suffix itia gab im Französischen ice und esse. (Letzteres kommt hier nicht in Betracht). Dieselbe Form „ice" entstand auch aus lat. itium. Wenn wir nun bei Froissart ein Wort wie malice- lat. malitia als Masculinum finden, so beruht dieser Geschlechtswechsel darauf, dass sich malice den in grösserer Anzahl vorkommenden Wörtern auf ice (= itium) wie z. B. neufranz. bénéfice, malefice, office anschloss und sich deren Geschlecht zu eigen machte.

Im Neufranzösischen ist es feminin.

masculin: II. 24 par son soutil malisce. II. 24 par son malisce. VIII. 181 ne perchevans sans nul malisce. VIII. 18. de bonté et de largesse sans nul malvais malice. XV.

165 ne pensoit a nul malice. XV. 463 qui riens ne se doubtoit du malisce. II. 227, 6 Sans y appliquier nul malice. Das sich VI. 339. Anmerkung findende: or vous diray la grand malice ist wohl als Fehler des Schreibers anzusehen, la steht hier für le; malice ist bei Froissart sonst stets Masculinum. Anmerkung. Der umgekehrte Fall, dass ein ursprüngliches Masculinum auf ice (= itium) Schwanken zum Femininum zeigt, liegt bei office vor, dass sich bei Froissart einmal als Femininum findet. Mir scheint jedoch der vokalische Anlaut des Wortes hier von besonderem Einfluss auf den Wechsel des Geschlechts gewesen zu sein; ich habe office deshalb bei den Wörtern behandelt, die in Folge ihres vokalischen Anlauts besonders leicht einem Schwanken des Geschlechts ausgesetzt waren [1]).

f. Die von dem lateinischen weiblichen Suffix ionem ab-geleiteten Wörter hätten auch im Französischen Feminina ergeben müssen. Wenn dagegen poison von lat. potionem und soupçon von lat. suspicionem im Neufranzösischen Masculina sind, so ist dies so zu erklären. Die Wörter auf on — ausgenommen die auf ion — sind im Französischen männlich; da nun poti onem und suspicionem in ihrer franz. Form ebenfalls auf on auslauten, so haben sie sich den übrigen Wörtern auf on angeschlossen und das männliche Geschlecht derselben angenommen. Froissart behandelt sie richtig als Feminina; bei soupçon finden sich aller-dings auch zwei Belege für's Masculinum.

poison.

Hier mag auch das Uebergehen der abstracten Bedeutung in die concrete Veranlassung zum Geschlechtswechsel gegeben haben [2]).

II. 92, 3105 Et se vous sçavés la poison | De ceste ardour qui m'est si griés.

soupeçon.

Es fanden sich 14 Belege für's Femininum, 2 für's Mas-culinum.

---

[1]) Siehe S. 24 ff.
[2]) Diez, Gamm. d. rom. Sprachen, III, 315.

masoulin: VI. 83 sans nul souppechon. VIII. 184 sans
nul soupçon.

feminin: II. 211 en soupeçou mauvaise. IV. 207 par
fausses souppechons. X. 426 a nulle souppechon. XIII. 270
et mise hors de villaine souspecon. XIII. 296 que ils ne
fuissent en nulle souspechon du roy de Castille. XIV. 260
et estés-vous de toutes souspechons. XIV. 356 que le Franchois y cussent aucune souspechon de mal. XVI. 103 il y a
une moult grande souspechon et perilleuse pour la cause.
XVII. 67 de toute souppechou. I. 180, 3163 S'ai depuis eü
mainte doubte | De li et mainte souspeçou.

g. Die beiden lateinischen Suffixe ulus (ulum) und ula
ergaben im Französischen durch Syncope le. Man konnte also
auch hier nicht erkennen, auf welches von beiden Suffixen die
Endung eines so auslautenden Wortes zurückging. Da die Masculina auf le (z. B. angle, cercle, comble, nomble, peuple etc.)
in grösserer Zahl vorhanden waren als die Feminina (couple,
fable, table, ongle etc.), so schlossen sich einzelne dieser ursprünglichen Feminina den Masculinis an und nahmen deren Geschlecht an.

Auf diesem Vorgange beruht das Masculinum von isle,
perle und regle (rieule in der volksthümlichen Form), das sich
in unserem Text häufig findet. Ausserdem werden diese Worte
von Froissart auch als Feminina verwendet.

isle.

Zu dem Schwanken des Geschlechts mag auch der vokalische
Anlaut beigetragen haben. Es findet sich

masoulin: II. 279 aucuns isles. VI. 285 tous les isles
adjacens as terres, pays et lieus avant nommés, ensamble avoech
tous les autres isles, lesquels nous tenions . . . VIII. 140
Si ardirent et essillierent li dist Franchois tout cesti ysle.
VIII. 142 il fist son mandement parmi le dit isle. XIV. 159
ou dit ysle. XVI. 53 qui demeurent ou dit ysle. II. 410
XL VIII, 1 En un isle de mer, ensus de gens.

feminin: VI. 141 car par dessus le riviere, en une ille
devers l'abbeie de Saint-Pierre. IX. 70 des isles prochaines.

XIV. 226 Quant ceulx des ysles voisines. XVI. 34 toutes les ysles qui sont encloses en la mer. XVI. 53 et menereut esbatre tout parmy l'isle qui est mout belle et plaisante. XVI. 509 les isles qui sout appellees. XVII. 54 et fut toute l'isle de la gant toute desrobee et puis arse.

perle [1]).

masoulin: V. 247 Et portoit un copelet de fins perles sus son chief. V. 248 Et mis sus son chief son propre chapelet d'argent et de perles moult bon et moult riche. V. 250 et portoit un copelet de fins perles sus ses cheveus. XV. 40 et ung chappellet dessus de gros perles, que . . .

Vom Femininum perle erwähnt Scheler nichts; es findet sich :

XVII. 269 Puis prist le roy ung moult riche capelet bien richement ouvré de grandes perles et grosses. III. 20, 651 De grosses perles fu brodeë.

regle (rieule).

Scheler sagt hiervon „Glossaire des Chroniques" S. 407: „le mot est toujours" masculin: „rieules accoustumees IV. 324 est une faute de copiste, p. acconstumés, comme le prouve le pronom il, qui suit."

Scheler's Behauptung „le mot est toujours masculin" ist eine unrichtige. Ich habe ausser obiger Stelle acht Stellen anzuführen, wo „regle" feminin gebraucht ist. Auch die Ansicht, „accoustumees" für einen Fehler des Schreibers zu halten, scheint mir eine irrige zu sein; meiner Meinung nach sehen wir darin nur einen Beweis für die grosse Verwirrung, die bezüglich des Genus dieses Wortes herrschte. Aehnliches begegnet uns bei dem Worte „host", welches mehrere Male von zwei Attributen begleitet ist, die verschiedene Genera haben [2]). regle [rieule] ist

[1]) Die Etymologie ist nicht mit Sicherheit festgesrellt. Siehe darüber: Diez, Etym. Wörterb. der rom. Sprachen. Bonn 1878, IV. Aufl., I. S. 241.
[2]) Siehe auf S. 29.

2*

masoulin: II. 326 de ce rieule. XV. 51 Et, se ils cuissent au roy donné en son enffance et jeunesse ung regle raisonnable. I. 75, 768 Sui je ou droit rieule amoureus enchëus. I. 329, 3514 C'est uns rieules tous coustumiers. II. 64, 2187 Se tint il ce rieule un grant tamps. III. 154, 3 par rieule commun. **feminin:** XI. 99 car il n'avoit par telle regle aprins. XII. 215 hors la rieule des deffiances. XIII. 23 Mais vous sçavés, c'est une rieule general, que. XVI. 461 Et non obstant leur mule regle adreciec. XVI. 465 Il n'est si sainte regle, ne si bien ordonnee que se elle n'est gardee par la main destre de Justice. XVI. 492 selon les regles escriptes. XVI. 494 et d'une regle en Dieu approuvee. XVI. 505 les anciennes regles.

h.

apostume.

Abgeleitet vom griech. ’ἀπόστημα; im Neufranz. masculin: un apostème. Für das Femininum mag das weibliche Suffix ume von Einfluss gewesen sein. (Nach Diez II. 340 ist une eine volksmässige Bildung von udinem; Mätzner, franz. Grammatik S: 260 hält ume für eine Vermischung der Endung udinem und umen; er führt amertume, coûtume, altfranz. mansuetume an. Ich verweise auch auf Rothenberg, der ausführlich über ume gehandelt hat. S. 85 ff.) Bei Froissart nur

feminin: XII. 325 Si se nourry en son corps une appostume. XII. 326 que celle appostume qu'il avoit, luy effondra ou corps. XVI. 466 comme vraie apostume.

IV.

Vokalisch auslautende Wörter sind besonders leicht einem Schwanken des Geschlechts ausgesetzt gewesen. Dabei mag wohl von besonderem Einfluss der Umstand gewesen sein, dass Artikel wie Pronomen nicht in ihrer vollen Form zu diesen Wörtern gestellt wurden. So nahmen le und la ein und dieselbe Form „l" an. In Folge dieser Apostrophirung verdunkelte sich das Geschlecht sehr bald.

Folgende Wörter, ausgenommen apostume, gebraucht Froissart
bald masculin, bald feminin:

affaire, amour, aise, apostume (nur feminin, neufranz. masculin), encoutre, espace, estrinc, example, (h)onneur, (h)orloge,
(h)ost, image, isle, office.

Ferner sind hierher zu rechnen: arbre, art, ombre, Wörter,
die im Lateinischen feminin sind, bei Froissart dagegen masculin.
Ebenso würde der Geschlechtswechsel von ongle, das neufranz.
männlich ist, hier aufzuführen sein; in unserem Text ist es richtig
feminin. Schliesslich gehört hierher: ordre, das Froissart als
Femininum verwendet, das aber im Lateinischen und Neufranzösischen masculin ist.

Wenn man sich bei obigen Wörtern bald für das Masculinum, bald für das Femininum entschied, so mögen vielleicht
noch besondere Umstände dabei von Einfluss gewesen sein; auf
dieselben wird bei der Behandlung der einzelnen Wörter näher
eingegangen werden.

affaire.

Für den Gebrauch des Masculinums sprach seine Entstehung
aus der Präposition a und dem Infinitiv faire. Eigentlich war
affaire als Neutrum aufzufassen. Da nun die Kategorie des
Neutrums im Französischen durch die des Masculinums ver-
drängt worden ist, so hat man auch affaire als Masculinum
verwendet. Wenn andererseits affaire weiblich gebraucht wurde,
so hat dies wohl der weibliche Ausgang des Wortes bewirkt.
Die Untersuchung ergab eine überwiegend grössere Anzahl von
Belegen für das Masculinum.

masoulin: III. 216 en tous affaires. V. 202 que j'ai
remonstré tout cel afaire. VII. 235 et remonstra tout l'afaire
au roy de France. VIII. 105 une damme de hault affaire.
IX. 7 de cest affaire ne sçavoient riens les François. X. 171
li affaires si perilleus. XIII. 217 Jceulx Anglois furent tous
esmerveilliés de cest affaire. XIV. 43 trois gentils hommes
de bon affaire. XV. 440 de ce grant affaire. I. 126, 1346

Cascune prise son bel afaire. III. 264, 2676 Ne lui eüst donné congnoissance | Que de mon hault et noble affaire. **feminin:** VII. 176 Messires Hues de Cravelee qui venoit par derriere, fu enfourmés de ceste affaire. VII. 405 Li dis escuiers qui tiut ceste afaire a haulte honneur. IX. 82 il y eut plusieurs affaires faites. XIII. 174 si lui recharge et recommande toute mon affaire. VIV. 37 car sans l'amour du roy leur affaire estoit petite. XV. 472 es telles affaires. XVI. 48 toute l'affaire des seigneurs de France estoit ordonnee. XVI. 158 considererent ceste affaire. XVI. 419 que l'affaire en seroit menee par effet. XVII. 375 Sy tost que les Franchois seurent cheste affaire.

amour.

Behandlung und Beispiele siehe S. 12.

aise.

Prov. ais war masculin. Die Abstammung des Wortes ist sehr unsicher; ich verweise darüber auf Diez [1]). Es findet sich **masculin:** II. 171 et prirent en grant gre cel aise. (Dies Geschlecht allerdings unsicher, da cel wie tel auch für das Femininum gebraucht werden). XIV. 335 qui avoit tous ses aises et ses soulas.

feminin: V. 103 prendre toutes ses aises. IX. 161 en nulle aise. IX. 386 pour la grant aise. X. 377 toutes leurs aises. XV. 340 Et devés savoir que ils n'avoient par toutes leurs aises. II. 221, 47 Avoir li font toutes ses aises.

Ein Compositum von aise ist malaise, es ist weiblich: X. 143 telles malaises a telles nuis.

encontre.

Im Neufranzösischen nicht mehr vorhanden. Es ist ein Verbalsubstantivum von encontrer, wie rencontre aus rencontrer. **masculin:** II. 81 de premier encontre. III. 291 durs encontres. IV. 46 La cult ung tres-dur encontre. VII. 48 Et

---

[1]) Diez, Etym. Wörterb. S. 9 unter agio.

trouva durement fort encontre. VII. 202 li sien, qui eurent
ce premier encontre. IX. 97 La ot dur encontre. X. 169
le premier encontre qui leur fu moult durs. XVII. 266 sy
que ces douze furent [pris] de premiers encontres. I. 301,
2711 La eut en ce premier encontre.

feminin: III. 255 nulle encontre. VI 268 La ot de
premiere encontre forte juste et ruet jus pluisseurs d'un les
et de l'autre. VII. 180 comment qu'il nous soit bien venu
de ceste encontre.

espaoe.

Nähere Behandlung siehe auf S. 19.

estrine.

In dem Texte der Lettenhove'schen Ausgabe ist estrine nur
als Femininum zu belegen, während Riese [1]), der die Luce'sche
Ausgabe benutzt hat, nur Beispiele für das Masculinum giebt.
Das Femininum dieses Wortes belegt er durch Stellen in Bartsch's
altfranz. Chrestomathie [2]). Es ist merkwürdig, dass die beiden
Ausgaben bezüglich des Genus von estrine so von einander abweichen; im Uebrigen ist dies kaum der Fall.

Lettenhove's Ausgabe:

feminin: V. 71 si trouverent a male estrine pour yaus en
leur encontre ces Engles qui . . . IX. 392 a bonne estrine
devant le jour dou Sacrement. X. 68 je vous donne a bonne
estrine. XI. 108 de ma bonne estraine. I. 262, 1457 J'ai
povre estrine a ce matin. II. 43, 1454 De lui rendre, par
bonne estrine. II. 157, 5307 Au tiere jour, a bonne estrine.
II. 180, 629 Vous retenrés a bonne estrine. II. 340, 31 Et
dist: Dimence, a bonne estrine.

Die beiden Beispiele für's Masculinum, die Riese giebt, finden
sich in Luce's Ausgabe: Band III. 188, 27 a mal estrine und
Band IV. 179, 22 a mal estrine.

---

[1]) Riese. J., Recherches sur l'usage syntaxique de Froissart, S. 43.
[2]) Bartsoh, C., Chrestomathie de l'ancien français. Leipzig 1880,
IV. Auflage.

exemple.

Im Neufranzösischen zeigt dieses Wort auch zwei Genera, je nach seiner Bedeutung. Als Masculinum heisst es Muster, Beispiel; als Femininum Schreibemuster. Diese Unterscheidung ist bei Froissart nicht zu ersehen.

masculin: XI. 254 ung example que il avoit fait. XIV. 193 bon exemple. XVI. 470 Le premier example. XVI. 471 Le second example. XVI. 471 Or en recitons ung autre example. XVI. 502 per l'example manuel ei cotidien. II. 65, 2105 Nous recorde encor un exemple. II. 348, 58 Un exemple hiel en no loi.

feminin: XVI. 499 Une example de la cité portative du grant can de Tartarie.

Weiblich auch im Roland, Ausgabe von Gautier v. 1016, S. 96: Malvaise essample n'en sera ja de mei.

honneur.

Ueber dasselbe siehe auf S. 13.

horloge,

hat ausser seinem ihm zukommenden männlichen Genus — vom lat. horologium — auch feminines Geschlecht. Jedenfalls hat das auslautende tonlose e auch hier das Schwanken zum Femininum bewirkt.

maskulin: X. 188 un orloge. I. 86. 1145 A un orloge et a la gouvrenance. I. 86. 1153 li orloges amoureus. I. 54. 21 A un orloge et comment il est fes. I. 79. 927 Et pour ce que li orloge ne poet | Aler de soi, ne noient ne se moet | Se il n'a qui le garde et qui en songne.

feminin: I. 53. 6 Car l'orloge est, au vrai considerer | Un instrument tres bel et tres notable | Et s'est aussi plaisant et pourfitable; | Car nuit et jour les heures nous aprent | Pour la souhtilleté qu' elle comprent.

host.

Host ist wohl dasjenige Wort, welches bei Froissart die freieste Behandlung bezüglich des Geschlechts erfahren hat und bei dem augenscheinlich die grösste Verwirrung herrscht. Es tritt nicht allein willkürlich bald als Masculinum bald als Femininum auf, sondern ist sogar zuweilen von zwei Arributen begleitet, die verschiedene Geschlechter haben. Steller der Art finden sich:

II. 272 a toute son grant host. IV. 56 toute son host estoient arrestés. V. 184 qu' il s'en iroit a toute son grant host devers Calais.

Die Anzahl der Belegstellen, die ein bestimmtes Genus erkennen lassen, beziffert sich auf ca. 400. Ueberwiegend ist das Femininum (5 : 2).

Für host als Masculinum spricht, abgesehen von seinem ursprünglichen lateinischen Genus — von hostem — seine im Französischen durchaus männliche Endung. Das Schwanken zum Femininum ist wohl auch der Veränderung der Bedeutung des Wortes zuzuschreiben. Während es im klassischen Latein ein einzelnes Individuum bezeichnet, hat es im Altfranzösischen den Collectivbegriff „Heer". Uebrigens bedeutet hostis schon im Mittellatein,[1] wo es meist feminin war „Heer". Das ital. „oste" ist doppelgeschlechtig, das span. „hueste" feminin, ebenso das portug. „hoste" und das wal. „oaste". In unserem Text ist es

masculin: II. 180 marescal de tout son ost. III. 11 pour aler de l'un host a l'autre. IV. 362 Et devés sçavoir que par devant le fort chasticl d'Aguillon eut le plus biel host. V. 7 pour attendre ses gens et son grant host qui le sieuwoient. VI. 257 et chevaucoit chacuns hos par lui. VII. 20 et y avoit hel host et grant. VIII. 108 se departi li dus de Bourdiaux et tous ses hostes. XIII. 258 Quant le roy de France et tout son ost eut passé la riviere. XVI. 448 Or peut-on bien vëoir comment l'ost sera bien gouverné. XVII. 163 tous les seigneurs de chil ost.

[1] Du Cange: Glossarium mediae et infimae latinitatis. Band III, S. 710 heisst es unter hostis: Sed in feminino interdum genere usurpatur. — Baldricus in Chron. Camerac. lib. cap. 68. Terram hosti suae devastandum distribuit.

feminin: II. 219 la plus belle hoost. III. 141 que li hoos
estoit bien estourmie. IV. 171 et se tenoit la une moult
grande hoost. VI. 199 toute leur host estoit arrestee. IX. 94
mais toute ceste grant host ne se traist mies ceste part.
X. 245 pour asouffrir une telle hoost. XVII. 107 Tant
esploita le conte de Monfort a toute son host. XVII. 245
tant que toute l'ost fu estourmie et armee. XVII. 447 qui
coururent chelle journee sy avant que il perchureut toutes leurs
hoost. XVII. 538 toute le grant ost de Franche.

Siehe S. 18.

image.

Siehe S. 22.

isle.

offioe.

Im Neufranzösischen hat es ebenfalls beide Genera, doch
scheiden sich dieselben durch ihre verschiedenen Bedeutungen.
Dass bei dem Femininum von office das Suffix itia von Einfluss
gewesen sein mag, ist oben S. 21 erwähnt worden. Es findet
sich übrigens nur einmal als Femininum.

XVI. 64 Or vacqua, par la mort de celluy conte d'Eu la
connestablie de France, laquelle est une moult belle et
grande office.

masculin: III. 116 le divin office. V. 80 un moult solempnel
office. V. 334 je vous pri que je puisse estre vos maire de
Londres, car c'est uns moult biaus offisces. VII. 235 Quant
cils offices et celle eveskiet vacquierent. IX. 162 Chils offisces
li pooit bien valoir. X. 441 Chil doy office estoient li plus
grant de toute la communaulté de Gand. XVI. 12 Le duc
de Glocestre eu son vivant estoit de douaire de droit connestable d'Angleterre, mais il osta cet office et ce droit a l'iretier.

arbre.

X. 70 les haulx arbres. X. 174 jusques a un arbre auquel
il fu pendu. XIII. 204 et vint a ung arbre. I. 138. 1746
Douls arbres, car Dane och moult chier. I. 171. 2863 Car

le lorier est une arbres loés. I. 258. 1341 De tous arbres a grant plenté.

art.

Beispiele siehe auf S. 32.

ombre.

Nur als Masculin zu belegen.

XI. 147 lequel estoit descendu en un grant ombre dessoubs oliviers. XV. 212 concorde et amour ne doit avoir nul ombre de trahison. I. 163. 2577 Qu' un ombre qui vint sus clarté. I. 189. 3473 Et adont ma dame de pris | S'en vint sëoir dessus un ombre | D'un noisier ou vert fist et sombre. I. 216. 179 Car il enamoura son ombre. II. 54. 1836 En ce bel lieu, en ce cler ombre.

ongle.

Ist im Neufranzösischen masculin und muss deshalb hier aufgeführt werden. Bei Froissart weiblich.

IX. 283 que tous li cheviel li cheïrent et toutes les ongles des mains et des piés.

ordre.

Lateinisch und neufranzösisch masculin. Froissart gebraucht es feminin, so:

XIV. 266 et receü l' ordre du Bleu Gertier en la chapelle des chevalliers du Saint-George, laquelle ordre le roy Edouard d'Angleterre et son fils le prince de Galles avoient mise sus.

V.

Dass die Endung eines Wortes von Einfluss auf sein Geschlecht ist, haben wir bereits in Klasse II erfahren, wo das auslautende tonlose e ein Schwanken zum Femininum hervorgebracht hat.

Folgende im Lateinischen weiblichen Wörter haben nun durch die bei ihrem Uebergang aus dem Lateinischen in's Französische erlittenen Veränderungen eine Endung erhalten, die im Französischen meist Wörtern männlichen Geschlechts eigen ist;

in Folge dessen haben sie sich dem Genus so auslautender Wörter angeschlossen und sind Masculina geworden. Hierher gehören art, coulon, jouvent.

art. [1]

XI. 191 Il fault que aucun art il y ait. XIV. 101 et trouva ung autre art de pratique assés soubtil. XV. 253 je m'y conduise par bon art. I. 204. 3967 Qu' eu cel assai | Fuisse entrés par aucun art. II. 5. 141 Se tu es ables et propisces ! D'aucun art et celi guerpisses. II. 196. 58 Le rosegnol en ses douls ars. Als Femininum findet sich art im Roland, Vers 886 in der Ausgabe von Gautier (huitième Ausgabe) auf S. 86. Barbarins est et mult de males arz. Im Glossar sagt Gautier: malae artes, dans la meilleure latinité, signifie „les vices" (V. Sallusto et Tacite.)

ooulon.

Neufrz. la colombe; prov. colomb; catal. colom. Für das Masculinum, welches sich bei Froissart findet, spricht ausser der männlichen Endung des Wortes der Umstand, dass im Lateinischen schon neben columba, ae, f. ein Wort columbus, i, m.[2] vorhanden war; ebenso existirte neben palumba das männliche palumbus. coulon findet sich in unserem Text:

X. 169 uu blanc coulon.

jouvent

ist das lat. juventus, utis, f. Der Geschlechtswechsel mag auch darauf beruhen, dass sich das Wort den zahlreichen lateinischen Masculinis auf us anschloss und in Folge dessen auch deren Geschlecht annahm.

I. 3. 65 de mon temps et de mon juvent. I. 6. 164 User mon temps et mon jouvent. I. 88. 23 En mon jouvent tous tels estoie. I. 89. 55 Enssi passoie mon jouvent. I. 91. 140 De mon droit jouvent. I. 104. 612 Et a mon jouvent bien veable.

[1] Siehe auch S. 31.
[2] Forcellini, tot. lat. lex. S. 287.

Die Form jouvente, die auf lateinisch juventa, ae, f. beruht, findet sich:

III. 193. 1830: Du cours et ailleurs transporter | Ton corps et ta belle jouvente.

Ausnahmen bilden:

fin.

Schon im Lateinischen zuweilen weiblich gebraucht, so in den Ausdrücken hac fini und qua fini.[1]

XI. 274 en la fin. XI. 362 vint a une povre fin. XI. 432 et vouloit voïr la fin que elle eu seroit. XII. 33 en la fin. XII. 171 une fin. XIV. 70 en male fin.

main.

XI. 22 je laissay le chemin de Thoulouse a la bonne main, et prins le chemin a la main senestre. XI. 283 et lui pria a mains jointes. XII. 109 et le prist par la main. XII. 286 de longue main. XV. 160 la main mise sur le missel.

Einmal findet sich main als Masculinum:

XI. 216 et mist un petit son main a son cappel.

Doch beruht „son" wohl auf einem Fehler des Schreibers; es mag ihm zu früh in die Feder gekommen sein.

Im Provenzalischen kommt „man" übrigens auch als Masculinum vor[2], selten auch im Französischen.

Ein anderes Wort, das trotz seiner im Französischen durchaus männlichen Endung, sowohl im Alt- als auch Neufranzösischen weiblich ist, ist das lateinische Neutrum mare, frz.

mer.

Was hier den Geschlechtswechsel verursacht haben mag, dürfte schwer mit einiger Bestimmtheit zu sagen sein. Wahrscheinlich ist das Altdeutsche dabei von Einfluss gewesen. Das goth. marei ist Femininum, das althd. mari oder meri Neutrum, ebenso das mhd. mer.

II. 66 la mer fu revenue. IX. 68 de la mer. XI. 109 passa

---

[1] Siehe Neue lateinische Formenlehre, I, S. 703.
[2] Vgl. Diez, Grammatik II, 10.

la mer. XI. 338 sur la mer. XII. 24 (Anmerkg.) que la
mer est froide et orgueilleuse. XIV. 28 car par yver les
haultes mers sont felles et perilleuses. II. 386. 1 Cils qui
premiers singla par mer salee.

V.

Die lateinischen Neutra haben sich, wie schon oben [1]) erwähnt, im Französischen grösstentheils dem männlichen Geschlecht
zugewendet; nur wenige sind Feminina geworden.[2]) Letztere sollen
hier näher betrachtet werden. Da sie fast alle auf tonloses e
auslauten, so mag dieser weibliche Auslaut die Neigung zum
Femininum verursacht haben.[3]) Bei einigen Wörtern mag auch
der vokalische Anlaut von Einfluss gewesen sein. Andere sind
aus ihrer lateinischen Pluralform auf a in's Französische übergetreten und wurden hier ihrer Endung halber nach Analogie der
zahlreichen Feminina der I. lateinischen Declination behandelt.
Solche aus dem Plural entstandenen Feminina sind beispielsweise
armes, enseigne, feste, feuille, joie, oeuvre, plaine, pree etc.

Bei Froissart finden sich folgende lateinische Neutra als
Feminina: armes, enseigne, estable, estude, feste, feuille, horloge,
joie, jument, mer, monstre, navie, navire [bald masculin, bald
feminin], oeuvre, plaine [daneben plain aus planum], pree [daneben
pret aus pratum], remede [bald maskulin. bald feminin].

[Diese Zusammenstellung berücksichtigt nicht, ob die Ableitung auf der lateinischen Singular- oder Pluralform des be-
treffenden Wortes beruht.]

armes.

VII. 109 les plainnes armes. XI. 335 La estoient les armes
faittes, belles a voïr. XII. 52 Briefment toutes leurs armes
furent faittes bien. XII. 185 quant les armes furent faittes.
XIV. 150 qui veu avoient les armes faittes.

---

[1]) Siehe auch S. 25.
[2]) Ueber den Uebergang der lat. Neutra in's Französische vergleiche:
Diez, Grammatik, II. 4 und Mätzner, frz. Grammatik, S. 117 d.
[3]) Siehe S. 7.

enseigne.

IV. 99 parmi les bonnes ensaignes. V. 13 et qui en reporterent vraies enssaingnes au roy des Franchois. VII. 174 que je vous raporteray vraies nouvelles et certainnes enssaignes des ennemis. VII. 405 il recognistera bien ces ensengnes que elles sont vraies. XIII. 219 par le vrayes enseignes que je leur dys de leur pays. XVII. 276 et leur donna certaines ensaignes. II. 185. 800 Premiers il vous convient tenir | Le chemin et la droite ensengne. III. 18. 566 Tu vois ensengues bien apertes.

estable.

Von den gefundenen Beispielen lässt nur eins das Genus mit Bestimmtheit erkennen.

XVI. 453 et de braire que l'estable fust close.

estude.

I. 257. 1290 Et j'entrai dedens mon estude | Qui n'est ne vilainne ne rude | Mes belle pour estudier.

feste.

IX. 213 car la avoit une grosse feste de joustes et de behourt. XII. 29 Or se fist une feste a Londres tres-grande et tres-grosse. XIII. 99 a toutes les festes. XIII. 315 aprés toutes ces festes. XIV. 253 une moult belle feste. XVI. 92 a la ditte feste.

feuille.

XII. 163 et regarda sur le duc qui devint plus vert que une feuille. XIV. 55 que ils le fesissent escripre en une foelle de papier. XV. 209 et prist une feulle de papier de la grant fourme. I. 270. 1739 Une foelle de lorier prist. II. 32. 1071 Ossi vers vestis qu' un foeille.

horloge.

Siehe auf S. 28.

joie.

XI. 100 si parfette joye. XI. 354 bonne joye. I. 3. 65. de ma joie. I. 149. 2131 ma joie est morte. I. 154. 2291.

C'est toute ma joie. I. 223. 400 Toute joie y est arrivee.
II. 390. 7 A ma dame dont me vient toute joie.

jument.

Näheres über dieses Wort siehe S. 45.

Siehe S. 33.

mer.

monstre.

VI. 408 sa monstre. VIII. 183 que je doy faire ma monstre.
VIII. 183 ou ceste monstre se devoit faire. X. 193 car celle
monstre leur fu convertie. XI. 318 faisant sa monstre.
XVII. 410 et firent une monstre.

navie.

navie wie das folgende navire sind aus navigium entstanden.
Ersteres zeigt sich bei Froissart stets weiblich; IV. 71 findet es
sich einmal als masculinum: garnirent ce navie et le navie que
trouvet avoient. Scheler bemerkt dazu: „je tiens „ce" pour une
faute de copiste pour ceste". Mir scheint dagegen richtiger, den
Fehler in navie zu suchen, für welches der Schreiber wohl navire
schreiben wollte. navire ist sowohl männlich als weiblich.

II. 66 la navie belle. II. 340 toutte ceste navie. VIII. 62
que se navie fu toute preste sus le riviere. X. 317 Et estoit
la navie toute apparillie. XI. 430 en leur navie qui est si
grande et si grosse. XII. 73 il orent saisi toute la navie.
XII. 143 et appareilloit une moult belle et grande navie.
XIII. 105 et y trouveroient la navie toute preste chargiee et
appareilliee. XIV. 215 La navie des chrestiens estoit belle et
grosse et bien ordonnee.

navire.

Scheler sagt in seinem Glossar zu den Chroniken S. 311
unter navire, wo er nur einen Beleg für dieses Wort giebt, der
jedoch in Bezug des Geschlechts nichts erkennen lässt: „Je pense
que c'est l'unique passage où j'ai rencontré le mot navire". Im
Nachtrag S. 495 fährt er dann unter navie fort, indem er zwei
Stellen für navire anführt: „Le mot navire, qui comme on voit,

est du genre féminin, s'applique aussi à un seul vaisseau". Ich habe das Wort nicht nur recht oft gefunden, sondern kann es auch für beide Genera in grosser Zahl belegen.

Im Neufranzösischen ist navire masculin; nur in dem Ausdruck „la navire d'Argo" (ein Gestirn) ist es feminin.

Der Wichtigkeit halber gebe ich alle Belege, die ein bestimmtes Geschlecht erkennen lassen, hier an. Es findet sich als

masoulinum: II. 55 son navire. XI. 6 il fist appareillier son navire. XI. 191 le roy fut en ces jours conseillié de entrer en mer sus un gros navire. XI. 324 souverain maistre de tous les navires et gallees de Portugal. XI. 326 et estoit admiral de la mer de tout le navire du duc de Lancastre. XII. 33 et les navires qui estoient si beauls sur la mer. XII. 142 appareil de gros navires. XII. 227 en bons navires pour aler en Bougie. XIII. 151 et furent mis de gros nafvires dedens les petis.

femininum: XV. 246 pour celle tempeste ne l'osa nulle nafvire approuchier, 453 se la navire. XVI. 432 la ou arrivent les grosses navires. XVII. 46 en sa navire, 96 en sa navire, 143 et la trouva sa navire toute preste, 148 toute sa navire, 187 et fut toute la navire preste, 187 la navire, 188 de toutes les navires, 189 toutes les navires que il rencontroient, 271 toute se navire moult belle et moult grosse, 301 de belle navire, 302 se navire fut toute aprestee, 304 toute sa navire, 305 toute se navire, 316 se navire, 361 a toute sa navire, 488 le grosse navire, 512 de laquelle navire, 519 la navire, 519 Si estoit amiral de toute la navire, 529 et toute sa navire, 540 a toutte sa navire, 563 de la grosse navire.

oeuvre.

II. 22 de ceste oeuore. X. 430 il les meteront toute oevre en nostre main. XI. 210 les males oeuvres amainent la male fin. XIII. 40 et fist toutes ses euvres plaisantes a Dieu. XIV. 70 Vos males euvres vous mainent en male fin. I. 63. 335 qu'en ceste oevre. I. 195. 2503 Ja ne sera bonne oevre emprise. II. 58. 1960 Grant sejour ne fai sus ceste oevre.

plaine.

Häufig findet sich das männliche plain so in
II. 50 tous les plains. VII. 184 en ung biau plain. VIII. 234
en un beau plain. IX. 32 en uns biaus plains. XII. 186
en ces beaulx plains. XVII. 321 en che biau plain. I. 264.
1521 Venus s'en est en uns biaus plains.

plaine ist selten.

XI. 426 en une moult belle plaine. Ein Fehler des Schreibers
liegt vor in VI. 127 et se logierent tous en une biau plain.

pree.

II. 142 adont se logen li hoost en une grande pree. II. 179
en une moult belle pree. IV. 87 en une pree. XI. 105 que
il vint en une pree ou bois. XII. 296 qui traversoit celle
pree. XIV. 133 rompy et choy sur la pree. II. 330. 51
S'en sont venu en une pree.

Neben la pree aus prata findet sich pret aus pratum.
II. 179 en ciel biel pret. IX. 72 en uns pres et devant une
posterne. XII. 220 en ce pre. XVII. 22 ils vinrent en ung
beau pret, 23 en ces biaus pres. II. 136. 4588 Et droitement
en un vert pre.

remede.

Bald masculin, bald feminin, doch überwiegend mit ersterem
Geschlecht.

masculin: II. 306 sans nul remede. II. 411 sans plusieurs
biaux remedes. V. 389 que nul remede n'y pooient mettre.
VIII. 220 avoit mis en ce un trop grant remede. XI. 92 sans
aucun remede. XIII. 5 Je ne voy en toutes vos besoignes
que ung seul remede. XIII. 43 que Dieu y envoia ung grand
remede et miracle. I. 238. 781 Et nul remede n'i pourvont.

feminin: II. 23 de remede felleuese. II. 36 sans nule remede. III. 364 qne nulle remede n'y avoit pour yaux sauver.
VIII. 97 et tout de bonne remede parmi raison, sauve l'on-
neur de moy et de mon pays, je y metaray. X. 334 a ce
n' avoit nulle remede. I. 279 (Prosa: Zeile 3) et la grignour
remede.

VII.

Einzelne Fälle.

bricole.

Die Etymologie ist zweifelhaft, wahrscheinlich ist es deutschen Ursprungs. Diez sagt,[1] dem mhd. brĕchel (Brecher) entspricht ital. briccola, span. brigola, fr. bricole, Steinschleuder, Mauerbrecher. Im Kymrischen ist das Masculinum brĕg (Bruch) vorhanden.

Das Wort mag zuerst männlich gewesen und erst später seiner weiblichen Endung wegen zum Femininum übergetreten sein. Bei Froissart findet es sich einmal als Masculinum und zweimal als Femininum. Aus den übrigen Stellen lässt sich das Genus nicht erkennen.

masculin: XIV. 217 et la sus celle tour avoit un bricole pour traire et pour jetter grans quarreaulx.

feminin: XIV. 222 Ens et sur celle tour avoit une bricole qui pas n' estoit oiseuse, mais traioit et jettoit quarreauls contre la navie des crestiens. XI. 222 et sur chascune des tours de la ville au les devers la marine avoit aussi pour deffense une bricole bien jettant.

daumatique.

Ein Wort gelehrten Ursprungs; lateinisch dalmatica, das Messgewand. Es zeigt bei Froissart männliches Geschlecht; es ist jedoch nur einmal zu belegen. Im Neufranzösischen ist es feminin. II. 464 por dessus ses draps d'un daumatique.

jour.

Findet sich scheinbar als Femininum in dem Ausdruck „toute jour", der übrigens ausser bei Froissart auch anderweitig im Altfranzösichen zu finden ist. Tobler[2] hat in jüngster Zeit eine Erklärung desselben gegeben:

---

[1] Diez, Etymologisches Wörterbuch S. 532 unter „brèche".

[2] Recension von Suchier's Ausgabe von Aucassin et Nicolete in der Zeitschrift für romanische Philologie, II. Band, S. 628.

„tote jor" heisst, glaube ich, nicht „jeden Tag", sondern „den ganzen Tag"; das Etymon scheint mir *totum ad diurnum, das e von tote demnach nicht die weibliche Endung, sondern das a von ad zu sein; ajornee, was oft daneben steht, ist in a jornee zu zerlegen und ein eigentlich tautologischer Zusatz".

Ich führe sämmtliche Belegstellen an.

II. 283 mille archiers, qui costioient les bois et les rivieres toute jour. III. 19 et dura priés ung jour toute jour. III. 20 Enssi toutte jour dura les` assaux. III. 79 et l'assaillirent un jour toute jour. III. 425 et y fu le nuit de Nostre-Dame my-aoust, et le jour toutte jour. V. 25 Adont entendi chacuns ase besoingne che vendredi toutte jour a refourbir leurs armures. VI. 334 et assaillirent un jour toutte jour la ditte ville. VI. 338 Si y fu ce jour toutte jour jusques au soir. IX. 203 qui dura un jour toute jour. X. 128 Il faut que il soient passet par basques huy toute jour. X. 247 et le chevaucha le diemence toute jour. X. 267 et se passa li diemence toute jour sans assaillier. XVI. 205 et y ot ce dit jour et l'endemain toute jour noeuf broucherons. XVII. 19 et cheminerent toute jour en cheluy estat u l'adreche pour trouver les Escochois. XVII. 70 Si dura cel assault toute jour a journee. XVII. 202 Che vendredy toute jour se tint le roy de Franche dedens la ville d'Abbeville. XVII. 323 et dura l'assault ung jour toute jour. I. 123. 1263 Je n'ai, toute jour ajournee | Ne toute nuit, nul autre avis.

Es kommen analoge Bildungen mit nuit vor, so

VI. 347 et leurs routtes une nuit toutte nuit bien XV. lieuwes. VI. 355 sur une nuit toute nuit.

B. Durch den Begriff des Wortes verursachter Geschlechtswechsel.

I.

Häufig ist im Französischen ein Uebertritt in ein anderes Geschlecht erfolgt, wenn abstracte Begriffe zu concreten wurden. Dies zeigen die beiden ursprünglichen Feminina „espie die Spähe" und „ghide die Führung". Bezeichneten diese Wörter die Personen, denen die Spähe oder die Führung oblag, so nahmen sie männliches Geschlecht an. Wie jedoch aus den Beispielen hervorgeht, ist dies bei Froissart keineswegs streng durchgeführt. Meist findet sich sogar espie als Femininum, ohne Rücksicht auf seine Bedeutung; auch bei ghide wechselt das Genus willkürlich. — Im Neufranzösischen dagegen richtet sich das Geschlecht dieser Wörter streng nach dem mit ihnen verbundenen Begriff. Dies gilt im Neufranzösischen auch für „aide" welches bei Froissart nur als Femininum zu belegen ist, ebenso für „garde".

espie.

Das Genus dieses Wortes wechselt in den verschiedenen romanischen Sprachen. Das ital. spia ist maskulin, das span. espia masculin und feminin, das prov. espia feminin. Abzuleiten ist espie vom althochdeutschen spëha die Spähe, die Kundschaft.

Es ist bemerkenswerth, dass Scheler von espie wie von ghide nur das Femininum belegt.

Es findet sich

masculin: VI. 240 et eurent leurs espies tous pourveüs. VIII. 217 se ce n'euïst esté uns de ses espies qui estoit partis. VIII. 217 Mais cils espies qui cognissoit le pays. XII. 171 mais d'un traitteur et d'un espie.

feminin: III. 338 Au tierch jour apriés, il entendi par une espie. III. 411 il avoient en lor ville requelliet une espie· qui lor avoit dit. IV. 86 Messires Gautiers de Mauni et li autre signeur le sceurent par une espie. IV. 261 par une

leur espie qu' il avoient envoyet en l'ost. IV. 341 La endroit
vint une espie au dit senescal. VIII. 219 Mes une espie qui
estoit partie avoecques eulx. VIII. 270 se bouta une espie
dou soir en le ville de Brest. IX. 27 et envoyereut une espie
devant devers le castel. X. 300 par ses certainues espies.
XVII. 556 Le sire de Clichon en oït les nouvelles par une
espie. XVII. 556 esvous les nouvelles qui vinrent de celle espie.

ghide.

masoulin: VI. 142 et avoient certains ghides vilains dou
pays. XIII. 49 et avvient guides . . . . . Adont sé arresterent-
ils, car ils prindrent nouvelle ordonnance.

feminin: II. 491 et ne savoient ceuls de la compagnie for ils
et une ghide, qui les menoit. IX. 338 et vous bailleray
bonnes gides.

aide.

III. 203 une aide moult grosse. IX. 65 il avoit en la Langhe-
doc queillic une aide si grande es si grosse que elle avoit bien
monté XII. mil frans. IX. 448 qui ces aides avoient prises
et cuessies. X. 171 se on n'avoit trop bonne aide. X. 325
ne prendroit nulle aide. XI. 269 et vous ferons toute ayde.
XIII. 263 le duc de Julliers devoit jurer et seeller de renon-
cher a toutes aydes. XIV. 372 nous vous donnons et accor-
dons une ayde. XV. 296 et si les remerchierent de la bonne
ayde et service.

garde.

VI. 72 qui nulle garde ne s'en donnoient. VII. 271 toutes
mes gens qui ci sont en tu garde et volonté. VII. 382 et y
establirent bonnes gardes. X. 340 la gaite montait en sa garde.
XI. 207 lequel l'avoit perdu en l'annee par sa folle garde.
XIII. 75 car ils misrent bonnes gardes aux portes. XV. 33
ce scet le Saint - Esperit qui vous ait en sa sainte garde.
XVI. 232 mais vous faittes pour vous une trop merveilleuse
garde. II. 44. 184 Je prenc le jone homme en ma garde.
III. 215. 9 Qui de son corps fait bonne garde.
Die Beispiele sind sehr zahlreich.

Es möge hier auch „gaite" aufgeführt werden. Dieses
Wort hat stets weibliches Geschlecht, gleichviel ob es in ab-
stractem oder concretem Sinne verwendet ist. Ursprünglich ist
es ein Abstractum. Abgeleitet ist es vom ahd. wahtén Wache
halten. Davon das Substantiv wahta, nhd. die Wacht; goth.
wahtwo. III. 239 la gette qui dormoit. IV. 113 la ghaite du castiel.
V. 260 car il avoit mis une gette ou chastiel de sa nef.
VI. 260 les gaittes estoient endormies. XI. 129 car la guette
du chastel souua. XI. 302 la guette corna. XI. 378 la
guette avoit bien corné leur venue. XIII. 150 La guette du
chastel de Merault avoit veu la navie d'Angleterre. XVIII. 272
La gaite de sa nef qui estoit sur la hune.
Das neufrz. le guet ist recht häufig bei Froissart zu finden.
II. 74 II. trompeurs d'Escoce s'enbatirent sour l'un del gais
qui guettoient as chiens. V. 196 et fist bon guet et grand.
VIII. 246 et fist cascuns bon gait et bonne garde. X. 368
et n'y avoit en che gait nul Gautois. XI. 219 mais les com-
paignons du chastel faisoient bon guet. XII. 213 et firent
bon guet. XIII. 63 quant il vint sur ung gait entre l'une
porte et l'autre. XIII. 64 Le guet est passé.

II.

Zuweilen beruht ein Geschlechtswechsel auch auf einer ge-
wissen Anziehungskraft synonymer Wörter.[1]
So hat sich:

esté

dem Geschlecht von printemps und hiver angeschlossen und ist
gleich diesen masculin geworden; automne besitzt beide Genera.
IX. 144 tout un esté. X. 381 Et avoient li Engles tout cel
estet fait les plus belles et plus grandes pourveances. XI. 135
qui avoient en cest esté tenu le siege. XI. 136 i fut alors
ordonné qu' a l'esté prochain. XII. 25 mais en plein esté.
XV. 125 car le roy de France qui tout l'esté..... s'estoit
tenu en la ville. II. 301. 90 Un yver et un esté..

---

[1] vgl. Diez, Gram. d. rom. Spr. II. 24.

Den von Diez angeführten Beispielen füge ich noch das Lehnwort

fame

hinzu, welches bei Froissart ausser seinem ursprünglichen Femininum auch männliches Geschlecht zeigt. Hier scheinen die Synonyma nom und renom, die fame mitunter begleiten, von Einfluss gewesen zu sein.

Scheler belegt nur das Masculinum, während die Untersuchung doch drei sichere Belege auch für das Femininum ergab. — Es sei übrigens darauf aufmerksam gemacht, dass, wie fame als Masculinum in Verbindung mit renom, auch fame als Femininum in Begleitung von renommee auftritt.

Es findet sich als

masculin: II. 243 Si commencha durement chil fames a mouteplier. IV. 199 ce villain fame. II. 165. 120 Moult a en lui gentil joue homme | De grant noblesse et de bon fame. II. 180. 615 De bon renom et de bon fame. II. 191. 1024 S'en arés bon nom et bon fame. II. 291. 212 Et li soiés bonne aïe | Car de droit fame.

feminin: XIV. 64 et la fame diverse (et mauvaise) qui qui couront sur luy. XV. 463 dont la fame et renommee generale. XV. 464 ainsi que la commune fame couroit qu' elle feroit.

III.

Einzelne Fälle.

gent.

Die gefundenen Beispiele lassen folgende Regel bezüglich des Geschlechts dieses Wortes aufstellen.

gent hat sein ursprüngliches Femininum bewahrt, doch stehen nur ihm unmittelbar vorangehende Adjectiva im Femininum; Adjectiva, die auf gent folgen, nehmen in Folge einer constructio ad sensum männliches Geschlecht an. Beispiele hierfür finden sich

IX. 189 a vos malles gens et orgilleus. IX. 259 aucunes gens blechiés dou trait.

Wenngleich obige Regel mit ziemlicher Strenge durchgeführt ist, so fehlt es doch nicht an einzelnen Ausnahmen.ˊ So finden sich einerseits Adjectiva, die gent vorangehen, mit männlicher Form: VII. 228 Si avoit aucuns gens. IX. 12 sans mettre nuls gens. Andererseits zeigt ein gent nachgestelltes Adjectiv weibliches Geschlecht.

VI. 66 il trouverent dure gent et forte.

Beispiele, die die vorhin gegebene Regel bestätigen, finden sich noch:

II. 284 gens plus perilleux, ne mervilleux. II. 285 Englois sont male gent. VI. 46 touttes rices gens. VII. 353 ses gens mors et mis a destruction. VII. 298 et ses gens furent tous espars. IX. 228 aucunes bonnes gens. X. 42 ne as bonnes gens estrangiers. X. 131 toute vaillante gens d'armes. XI. 20 moult de appertes gens. XIII. 50 toute sa gent aussi se armerent. XVII. 176 toutes ses gens furent venus.

jument.

Das lateinische Neutrum „jumentum" ist im Französischen feminin geworden. Der Grund für den Geschlechtswechsel liegt in der Veränderung der Bedeutung, die das Wort erfahren hat. Im Lateinischen versteht man darunter ein Zugthier im Allgemeinen; im Französischen ist die Bedeutung in sofern beschränkt worden, als mit jument nur ein weibliches Zugthier — „Stute" — bezeichnet wird. Nur einen Beleg habe ich gefunden.

X. 48 ce fu une jument que il trouverent ches ung preudomme en ung villaige.

C. Wörter, die in der Sprache Froissart's das gewöhnliche und ältere Geschlecht festhalten, die aber anderweitig im französischen Schwanken zeigen, sind:

eage, histoire, honte, Languedoc, ongle, plour, soif, voile.

eage.

Das Femininum belegt Darmesteter [1]; — bei Froissart nur männlich:
XIII. 30 tous deux de ung eage. XV. 98 car elles sont aucques d'un eage. XVI. 142 en mon joeune eage. I. 69, 552 Quels j'ai esté et serai mon eage. I. 117, 1058 Nous cing ou sis d'un eage. I. 190, 3058 Y avoit lors deus pucelettes, | Au quis d'un cage jonettes. II. 44, 1495 Nous sous d'un eage.

histoire.

Findet sich als Masculinum in „Li hystore de Julius Caesr" von Jehan de Tuim [2] S. XXVIII; ebenso bei Philipp Mousket 11974, „estores rimés."
XI. 2 ceste presente histoire. XI. 128 en la haulte et noble histoire de la quelle. XII. 53 ceste haulte et noble histoire. XII. 53 En si grande et en si noble histoire comme ceste est. II. 174, 433 Ens es hystores aucyennes. II. 226, 203 Car fait en avés mainte hystore.

honte.

Littré, Dictionnaire de la langue française. Band 1, 2. S. 2046 giebt Beispiele für honte als Masculinum. Froissart gebraucht es stets als Femininum.
XVI. 457 pour vengier la honte commune. XVI. 484 pour vengier la honte de toute le chrestienté. XVI. 501 la grant honte. XVI. 522 et vengier la honte de la venerable dame Sainte-Foy.

---

[1] Darmesteter und Hatzfeld: le seizième siècle en France. S. 246. (Prem. Partie).
[2] Herausgegeben von Dr. F. Settegast, Halle 1881.

Languedoc.

Im Neufranzösischen als geographischer Name masculin
geworden, ohne Rücksicht auf die Ableitung. IX. 303 toute de Langhedock. IX. 65 il avoit en la Langhe-
doc. XI. 201 de la Languedoch. XIII. 298 en la Langue-
doch. XIV. 390 de la Languedoch. XVI. 65 de la Languedoch.

ongle.

Im Neufranzösiächen masculin. Siehe darüber auf S. 31.

plour.

Darmesteter belegt es als Femininum. S. 250. — Auch
nenfrz. les pleurs ist weiblich. I. 179, 3110 Or sont grief plour. II. 106, 3581 Maint plaint
et maint plour. II. 278, 51 Maint divers plour. II. 291, 8
A Dieu, mon plour. II. 271, 49 Tienc et fai maint plour ;
Nuit et jour.

soif.

Scheler äussert sich über das Wort in seinem Glossar zu
den Poesien, S. 405: „traité comme masculin." Mir sind keine
Stellen begegnet, aus denen mit Sicherheit das Genus von soif
hervorginge. Der Artikel „le", mit dem es öfters vorkommt, be-
weist nichts, da er auch für's Femininum gilt. Auch die Stelle
I. 146, 2016 Le soif que j'ai, qui m'est si griés
lässt nichts erkennen, da grief (griés) auch als weibliche Form
vorkommt, so findet sich
I. 171, 2860 Ce fur pour Dane une griés aventure. I. 147,
2037 Pour ce reçoi, par saint Nicaise, | Grief penitance. I.
281, 2070 trop de griés aventures.
Die Form griefve ist allerdings auch schon vorhanden.

voile.

Im Neufranzösischen weiblich in der Bedeutung „Segel."
Bei Froissart dagegen männlich. Littré [1]) giebt einen Beleg für's

[1]) Dictionnaire II. 2, S. 2524 unter voile 2.

Masculinum, der sich bei Corneille: Pomp. III. 1 findet: Il venait
a plain voile.

Die Untersuchung lieferte folgende Beispiele:

IV. 139 et puis nagierent a plain voille ensi que li temps le
portoit. V. 264 et copa le cable qui porte le voile. V. 270
et li aultre se sauva et s'en ala a plain voille sans damage.
VIII. 134 et puis s'en vinrent fendant a plain voile sus yaux.
VIII. 141 et singla a plain voille. IX. 86 qui venoient a
plain voile. XIII. 149 ils singlerent a la disposition de Dieu
et du temps a plain voile. XVII. 130 et entrerent a plain
voille ou havre de Hambou.

D. Die Doppelgeschlechtigkeit folgender Wörter beruht auf zwei verschiedenen Ableitungsformen.

esbassade, estage, salut, tempest(e), vespre.

salut ist bei Froissart nur masculin. Im Neufranzösischen
hat von obigen Wörtern nur vespre beide Genera. Bei den
übrigen sind die ursprünglich vorhanden gewesenen Doppelformen
in eine zusammengefallen.

esbassade [1].

Im Provenzalischen gab es ein Femininum „ambaissada"
und ein Masculinum „ambaissat." Bei Froissart finden wir es
masculin: XVII. 41 que il envoy ast ung esbassade.
feminin: XVII. 41 Adont y envoyast-on une esbassade.
XVII. 48 que il envoiroit une soufisant esbassude. XVII.
548 que d'enveier une esbassade grande devers le duc d'Ango.

estage [2].

Auch hier sind im Provenzalischen zwei Formen vorhanden;
einmal das Masculinum estatge, andererseits das Femininum
estatga.

---

[1] Diez, Etymol. Wörterbuch I. 15 unter *ambasciata.
[2] Diez, Etymol. Wörterbuch I. 305 unter staggio.

masculin: XI. 115 et en chascun estage povoient viugt arbalestriers. XII. 162 qu'il eut passé le premier estage. XII. 170 tant qu'il vint jusques sur ung hault estage de la tour. III. 213, 8 Et le tient en grant vitupere | Ou has estage de sa roe. III. 220, 24 Ou hault estage eu son escole.

feminin: VIII. 348 elle effondra le planchier et entra en une aultre estage.

salut.

Diez [1]) äussert sich über dieses Wort folgendermaassen: „Im Altfranzösischen waren es der Wörter zwei, la salu für salus und li salu für salutatio, letzteres wohl aus dem Vb. salutare, saluer geformt, so z. B. Trist. II. 56, wo mit beiden Wörtern gespielt wird. Auch im Prov. sind beide Genera üblich, la salut und lo salut; desgl. it. la salute, il saluto; span. la salud, el saludo. Im Neufranzösischen ist eigentlich das Femininum nicht zum Masculinum geworden, sondern in dem vorhandenen Masculin aufgegangen. XII. 109 luy rendi tantost son salut. I. 44, 1479 Elle mon salu me rendi. I. 99, 415 Je fu liés de salut prendre. I. 149, 2106 De ce salu. I. 189, 3446 Elle mon salu me rendi. III. 205, 2236 Un graciex salu.

tempest(e).

Im Altfranzösischen [2]) gab es neben tempeste vou lat. *tempesta, das Masculinum tempest, welches einer lateinischen Form *tempestus entspricht. Das spanische tempestad und das italienische tempesta ist von lat. tempestatem abgeleitet. Die Untersuchung lieferte je 6 Belege.

masculin: IV. 209 Mes adont uns tempestes et fortune le prist sour mer si grande. V. 261 que ce sembla uns tempestes qui la fust chues. VI. 178 a demeurer tel tempeste. VI. 273 chei dou chiel en l'ost le roy uns effoundres, uns tempestes.

---

[1]) Diez, Grammatik der rom. Sprachen II. 21 in der Anmerkung.
[2]) Littré, Dictionnaire II. 2, S. 2169 giebt ein Beispiel aus dem Rolaud: Ch. de Rol. CLXXXII: E les orez, les merveillus tempez.

IX. 393 enssi que uus tempestes. XVII. 390 car ung graut tempeste du chiel descendy.

feminin: VIII. 296 et uue tempeste se appert a la fois en ung pais. XIII. 254 Et dura celle tempeste et ce bondissement de leurs cornes moult longuement. XIV. 159 Quant celle tempeste fut passee et la mer appaisie. XIV. 212 apres la grant tempeste. XV. 189 Et adoint que sur la fin de celle tempeste. I. 95, 3918 Point ne visoit a la tempeste.

vespre.

Im Lateinischen war vesper, eris oder eri mit männlichem Geschlecht vorhanden; ausserdem aber das Femininum vespéra, ae. Im Neufranzösischen bezeichnet le vêpre die Vesper, den Abend, les vêpres f. pl. die Vesper, den Nachmittagsgottesdienst.

Scheler bemerkt in seinem Glossar: „viespre est du genre masculin, au viespre II. 173 und VI. 69 le pluriel vespres est féminin."

II. 147 si cheminerent tout le jour jusques a basses vespres.

Ich füge den Beispielen noch folgende hinzu:

V. 149 et fu tous bas vespres. XVII. 273 car ja estoit tart et bas vespre. I. 198, 3768 Mes ens un vespre.

VITA.

Paulus Hermannus Ernestus Arthurius Jahn natus sum die XXII m. Mart. a. h. s. LVIII in oppido quod Schneidemuehl nominatur patre Hermanno quem morte praematura ereptum valde lugeo, matre Henrietta e gente Koch. Fidei addictus sum evangeliae. Litterarum elementis imbutus scholam realem Fridericianam Berolinensem per novem annos frequentavi. Maturitatis testimonium adeptus exeunte aestate a. h. s. LXXVII. in studia architecturae Berolini per quatuor semestria incumbere coepi. Deinde civis fui universitatum Berolinensis et Halensis, ubi per sex semestria studiis linguarum recentium operam dedi.

Magistri mei doctissimi fuerunt Berolini: Bresslau, Feller, Müller, Napier, Tobler, Wattenbach, Zeller, Zupitza; Halis: Aue, Elze, Haym, Herbst, Suchier, Wiechmann. Benevolentia Hermanni Suchier mihi contigit ut per duo semestria semenarii Romanici essem sodalis. Quibus omnibus viris, imprimis Hermanno Suchier, de studiis meis optime meritis gratias ago quam maximas.

Thesen.

I.

Das uns erhaltene altfranzösische Rolandslied gehört dem XI. Jahrhundert an.

II.

Das it. guidare; sp. pg. guiar; pr. guidar, guizar, guiar; fr. guider ist nicht lateinischen (vgl. Settegast Romanische Etymologien, in Vollmöller's „Romanische Forschungen 1882") sondern germanischen Ursprungs.

III.

In Heinrich IV., I. Theil I, 15:

„No more the thirsty e n t r a n c e of this soil
Shall daub her lips with her own children's blood;"
ist keine Verderbniss anzunehmen.